1권 알파벳

SUPER MAGIC PHONICS

슈퍼 매직 파닉스 학습 로드맵

ce	**Bb**	bag, bus, bubble	**Cc**	can, cat, cup	**Dd**	dad, dig, dog
	Ff	fan, fat, fun	**Gg**	gap, gift, gorilla	**Hh**	hat, hen, hot
	Jj	jet, jug, jelly	**Kk**	kid, kick, kangaroo	**Ll**	lamb, lip, lamp
	Nn	no, nut, nest	**Oo**	ox, otter, octopus	**Pp**	pan, pig, popcorn
	Rr	rat, red, robot	**Ss**	sun, sand, sandwich	**Tt**	tap, tent, tomato
	Vv	van, vest, volcano	**Ww**	wing, water, watermelon	**Xx**	box, six, fox
	Zz	zebra, zigzag, zipper				

ap	cap, map, tap	**at**	bat, cat, rat	**an**	can, man, pan
eg	keg, leg, peg	**en**	hen, pen, ten	**et**	pet, vet, wet
ip	hip, lip, sip	**it**	hit, pit, sit	**ix**	fix, mix, six
op	hop, pop, top	**ot**	dot, hot, pot	**ox**	ox, box, fox
ug	bug, hug, rug	**un**	fun, run, sun	**up**	up, cup, pup

cake, lake	**ame**	game, name, same	**ape**	ape, cape, tape
ike, like	**ine**	line, nine, pine	**ive**	dive, five, hive
mole, pole	**ope**	hope, nope, rope	**ose**	hose, nose, rose
use	**ute**	cute, mute		

lock	**cl**	clam, clap, clock	**gl**	glad, glass, globe	**pl**	plum, plane, plate
rane	**dr**	drum, dress, drink	**gr**	grass, grill, grapes	**tr**	trip, track, truck
moke	**st**	stop, stick, stone	**sw**	swim, swing, Swiss	**sn**	snap, snack, snake

ay	clay, gray, tray	**ee**	bee, feet, tree	**ea**	eat, sea, seal
ow	blow, crow, snow	**ue**	blue, glue	**ui**	suit, fruit
-ch	rich, beach, peach	**sh**	ship, shape, shell	**-sh**	dish, fish, trash

슈퍼 매직 파닉스 학습 로드맵

1권 알파벳

학습 목표 : 알파벳의 대표 소리 알기

학습 포인트!

- ☐ 짝을 이루는 알파벳 대문자와 소문자는 같은 소리가 난다는 것을 알아요.
  - 예 대문자 A와 소문자 a는 둘 다 '애' 소리가 나요.
- ☐ 알파벳 Aa부터 Zz까지 대표 소리를 발음할 수 있어요.
- ☐ 단어에 들어 있는 알파벳 소리를 듣고 어떤 글자인지 알아요.

Aa	ant, apple, ambulan
Ee	egg, elf, elephant
Ii	igloo, iguana, insect
Mm	mom, mug, milk
Qq	quilt, queen, quiet
Uu	up, uncle, umbrella
Yy	yak, yo-yo, yellow

2권 단모음

학습 목표 : 단모음 소리 알기

사전 지식 : 알파벳 소리 1권

- 단모음 a, e, i, o, u의 소리를 알아요.
- 단모음과 자음 소리를 블렌딩으로 읽을 수 있어요.
- 단모음이 들어간 세 글자 단어를 블렌딩으로 읽을 수 있어요.

a	am	ham, jam, ram
e	ed	bed, fed, red
i	ig	big, dig, pig
o	og	dog, jog, log
u	ub	cub, rub, tub

3권 장모음

학습 목표 : 매직 e와 장모음 소리 알기

사전 지식 : 알파벳 소리, 단모음, 블렌딩 1권 2권

- 모음이 매직 e를 만나면 장모음이 되는 규칙을 알아요.
- 매직 e가 들어간 글자와 단어를 장모음으로 읽을 수 있어요.

a_e	ake	bake,
i_e	ike	bike,
o_e	ole	hole,
u_e	use	use, r

4권 이중자음

학습 목표 : 이중자음 소리 알기

사전 지식 : 알파벳 소리, 블렌딩, 장모음 1권 2권 3권

- 자음과 자음이 나란히 있는 이중자음을 블렌딩으로 읽을 수 있어요.
- 이중자음이 들어간 긴 단어를 블렌딩으로 읽을 수 있어요.

l	bl	blue, black, b
r	cr	crab, crack,
s	sm	smell, smile,

5권 특별한 소리

학습 목표 : 특별한 소리 알기

사전 지식 : 알파벳 소리, 블렌딩, 장모음, 이중자음 1권 2권 3권 4권

- 모음과 모음이 만나 길게 소리 나는 이중모음을 알아요.
- 자음과 자음이 만나 새로운 소리가 나는 이중자음을 알아요.

ai	rain, snail, train
oa	boat, coat, goat
ch	chat, chin, chop

Let's Go!

첫 파닉스, 캐릭터 소리로 즐겁게 시작해요!

파닉스, 왜 중요할까요?

'파닉스'는 글자와 소리의 관계를 배우는 학습법이에요. 글자 소리를 익히고 그 소리들을 조합해서 단어를 읽을 수 있도록 도와주지요. 영어를 시작하는 아이들이 파닉스를 배우면 처음 보는 영어 단어도 쉽게 소리 내어 읽을 수 있답니다. 특히 단어를 통째로 외우기보다, 아이가 스스로 단어를 읽는 힘을 기를 수 있어 영어 학습 초기에 더욱 효과적이에요.

알파벳 캐릭터 친구들과 함께 재미있게 파닉스를 익혀요!

파닉스를 배울 때 기본은 알파벳 26글자의 대표 소리를 익히는 거예요. 《슈퍼 매직 파닉스》에는 알파벳 글자의 대표 소리를 내는 캐릭터들이 등장해요. 예를 들어, a 캐릭터는 앰뷸런스의 사이렌이 울리듯 '애' 소리를 내고, m 캐릭터는 맛있는 음식 냄새를 맡는 것처럼 '음' 소리를 내요. 알파벳 캐릭터 친구들이 내는 소리를 재미있게 따라하다 보면, 알파벳 글자의 대표 소리를 쉽게 기억할 수 있어요.

동영상 속 노래를 신나게 따라 부르면 단어가 술술 읽혀요!

영어를 시작하는 아이들에게는 의미 있는 학습 놀이를 통해 흥미를 끌어주는 것이 중요해요. 《슈퍼 매직 파닉스》는 알파벳 캐릭터 친구들이 나오는 216편의 노래와 챈트 동영상, 그리고 책 속 다양한 학습 놀이 활동으로 파닉스를 즐겁게 배울 수 있습니다. 개성 넘치는 알파벳 캐릭터 친구들의 노래와 챈트를 따라 부르다 보면 어느새 글자 소리가 입에 착 붙고, 단어가 술술 읽히게 될 거예요. 또, 책에서 스티커 붙이기와 글자 쓰기 활동으로 글자와 소리의 관계를 한 번 더 확인할 수 있어요.

《슈퍼 매직 파닉스》는 아이들이 글자를 보고 자신 있게 소리 내어 읽을 수 있는 힘을 길러줍니다. 알파벳 캐릭터 친구들과 함께 신나는 첫 파닉스를 시작해 보세요!

- 슈퍼홈스쿨연구소 -

슈퍼 파닉스 학습 가이드

알파벳과 파닉스의 차이가 뭐예요?

알파벳은 우리가 말하는 소리를 글자로 나타낸 거예요. 영어 알파벳은 26개의 글자로 이루어져 있고, 이 글자들이 모여 단어를 만들어요. 파닉스는 글자와 소리의 관계를 배우고, 알파벳 글자의 소리를 조합해 단어를 읽는 학습법이에요. 따라서 영어 단어를 정확하게 소리 내어 읽으려면 알파벳과 파닉스를 함께 배워야 합니다.

알파벳 대문자와 소문자를 함께 배워요!

영어 알파벳에는 대문자와 소문자가 있어요. 각 글자의 대문자와 소문자는 이름과 소리가 같아요. 예를 들어, 대문자 A와 소문자 a는 둘 다 이름이 '에이'이고, '애' 소리가 나요. 그래서 알파벳 대문자와 소문자를 짝지어 소리를 익히면 훨씬 효과적으로 배울 수 있답니다.

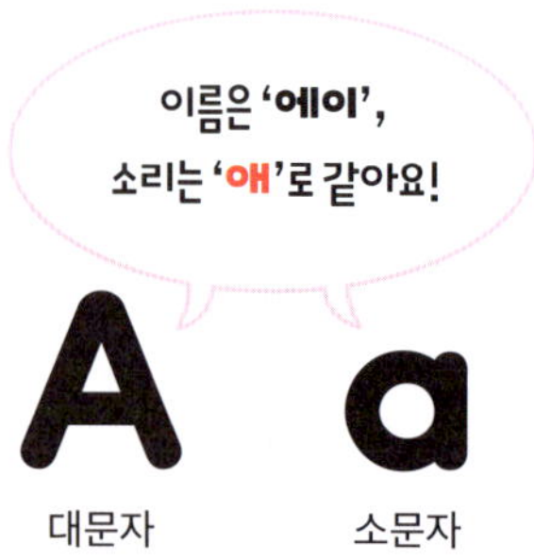

알파벳의 대표 소리를 먼저 배워요!

첫 파닉스 단계에서는 알파벳의 대표 소리부터 배워요. 하나의 알파벳은 여러 소리를 가지지만, 처음에는 대표 소리 하나를 확실히 익히는 것이 중요해요. 그래야 헷갈리지 않고 파닉스를 배울 수 있어요. 예를 들어, 알파벳 Aa는 '애', '아', '어', '에이'처럼 다양한 소리를 가지지만, 이 책에서는 대표 소리인 '애'부터 배웁니다. 아이들이 자주 접하는 기초 단어에 '애' 소리가 많아 가장 쉽게 익힐 수 있기 때문이죠.

《슈퍼 매직 파닉스》에서는 보기만 해도 알파벳의 대표 소리를 바로 떠올릴 수 있는 귀여운 슈퍼 파닉스 친구들을 만날 수 있어요. 알파벳 Aa 캐릭터를 보고 앰뷸런스의 사이렌이 울리듯 '애' 소리를 따라 하다 보면, Aa 글자만 봐도 '애' 소리가 자연스럽게 떠오를 거예요!

• 영어 발음을 쉽게 이해할 수 있도록 우리말로 표기했습니다. 정확한 발음은 동영상의 원어민 소리를 듣고 따라하며 익혀 주세요.

슈퍼 알파벳 차트

QR 코드를 찍어 알파벳의 대표 소리를 듣고 따라해 보세요.

Alphabet Chart

Aa	Bb	Cc	Dd	Ee
Ff	Gg	Hh	Ii	Jj
Kk	Ll	Mm	Nn	Oo
Pp	Qq	Rr	Ss	Tt

Uu	Vv	Ww	Xx	Yy	Zz

이렇게 공부해요

Step 1 소리 듣기

슈퍼 파닉스 친구들을 만나는 페이지입니다. QR 코드를 찍어 슈퍼 파닉스 친구들이 나오는 동영상을 보고, 노래를 따라 불러요.

• 한국어 가사로 노래를 익힌 후, 영어 가사로 신나게 따라 불러 보세요.

Step 2 소리 알기

Lesson Guide

레슨 가이드를 활용하여 아이와 대화를 나눠 보세요.

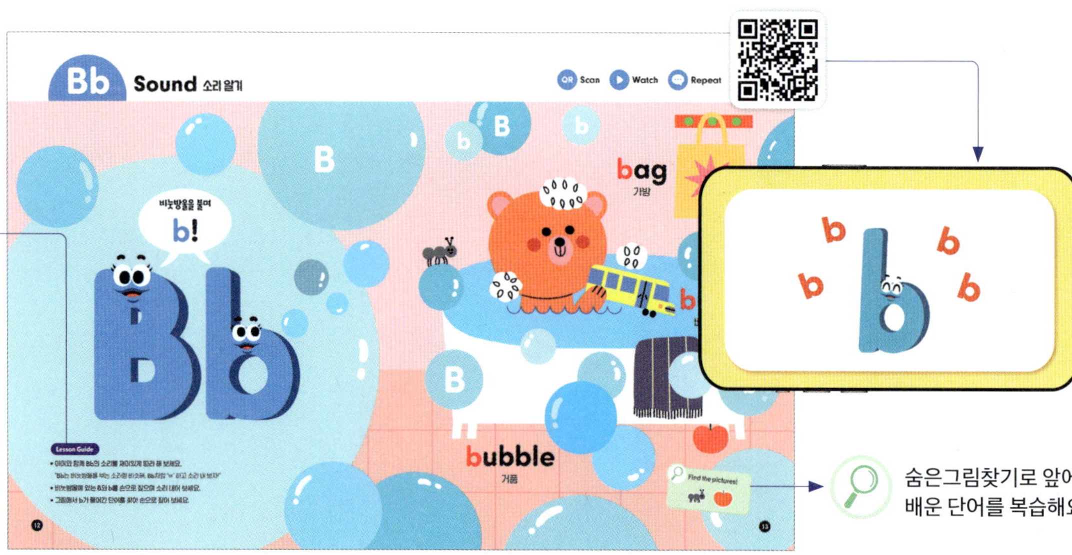

숨은그림찾기로 앞에서 배운 단어를 복습해요.

❶ 소리 알기 QR 코드를 찍어 동영상을 먼저 보세요. 슈퍼 파닉스 친구들이 내는 소리를 듣고 재미있게 따라하며 익혀요.

❷ 단어 알기 일상에서 자주 사용하는 단어에서 오늘 배운 소리를 찾아보고, 큰 소리로 따라 읽어 보세요.

Step 3 소리 익히기

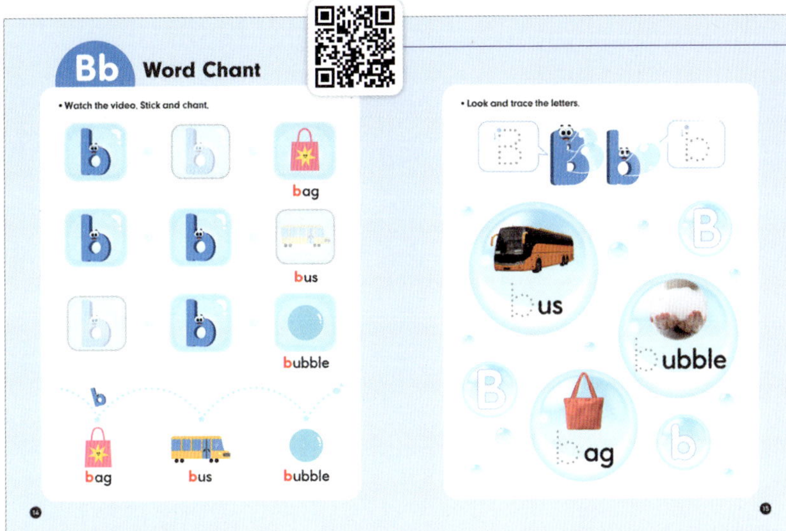

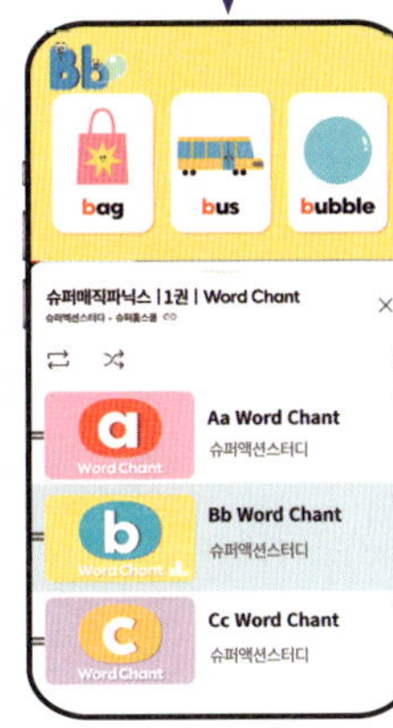

❶ **챈트 따라 부르기** QR 코드를 찍어 워드 챈트를 듣고 신나게 따라 불러요.

❷ **스티커 붙이기** 스티커를 붙이며 알파벳 소리를 한 번 더 연습해요.

❸ **활동하기** 선 긋기, 스티커 붙이기, 글자 따라 쓰기 등 다양한 활동을 하면서 알파벳 소리를 정확하게 익혀요.

Step 4 복습하기

Tracing the Alphabet

알파벳 대문자와 소문자를 순서에 맞게 따라 쓰면서, 앞에서 배운 소리를 복습해요.

Alphabet Words

스티커를 붙여 단어를 완성하고, 단어에 들어 있는 알파벳 소리를 복습해요.

Alphabet Sounds 알파벳 소리

한국어

슈퍼 파닉스 하우스

English

Super Phonics House

Aa Sound 소리 알기

Lesson Guide

- 아이와 함께 Aa의 소리를 재미있게 따라 해 보세요.
  "Aa는 앰뷸런스 소리처럼 '애' 소리가 나!"
- 사과에 있는 A와 a를 손으로 짚으며 소리 내어 보세요.
- 그림에서 a가 들어간 단어를 찾아 손으로 짚어 보세요.

QR Scan　Watch　Repeat

Aa Word Chant

Chant

• Watch the video. Stick and chant.

ant

apple

ambulance

ant

apple

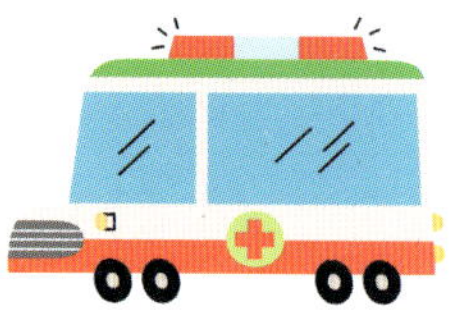

ambulance

• **Follow the lines. Trace the letters.**

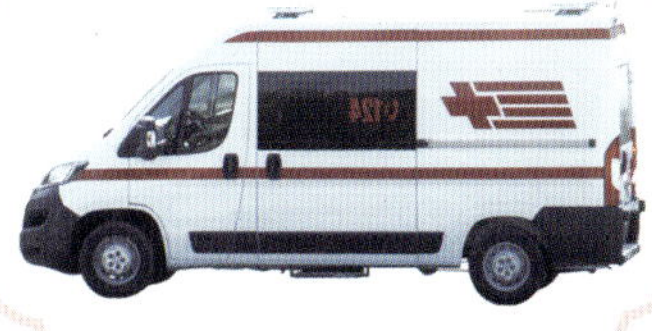

___nt ___pple ___mbulance

Bb Sound 소리 알기

Lesson Guide

- 아이와 함께 Bb의 소리를 재미있게 따라 해 보세요.
  "Bb는 비눗방울을 부는 소리랑 비슷해. Bb처럼 'ㅂ' 하고 소리 내 보자!"
- 비눗방울에 있는 B와 b를 손으로 짚으며 소리 내어 보세요.
- 그림에서 b가 들어간 단어를 찾아 손으로 짚어 보세요.

QR Scan ▶ Watch Repeat

Bb Word Chant

Chant

• Watch the video. Stick and chant.

bag

bus

bubble

bag　　bus　　bubble

• **Look and trace the letters.**

B  b

bus

B

bubble

B

bag

b

Cc Sound 소리 알기

Lesson Guide

- 아이와 함께 Cc의 소리를 재미있게 따라 해 보세요.
  "Cc는 음료를 마신 뒤 나는 소리 같아. 우리도 'ㅋ' 하고 따라 해 보자!"
- 카페에 있는 C와 c를 손으로 짚으며 소리 내어 보세요.
- 그림에서 c가 들어간 단어를 찾아 손으로 짚어 보세요.

QR Scan ▶ Watch Repeat

Cc Word Chant

Chant

• Watch the video. Stick and chant.

can

cat

cup

can cat cup

• **Look and trace the letters.**

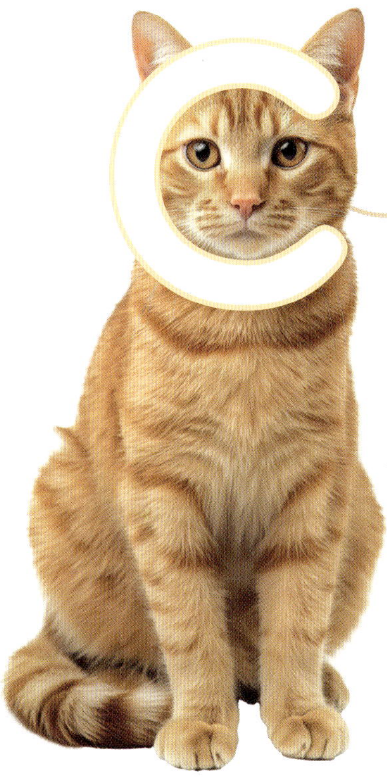

at

an

up

Dd Sound 소리 알기

Lesson Guide

- 아이와 함께 Dd의 소리를 재미있게 따라 해 보세요.
  "Dd는 'ㄷ' 소리가 나. 우리도 땅을 파는 것처럼 'ㄷ' 소리를 내어 볼까?"
- 땅속에 있는 D와 d를 손으로 짚으며 소리 내어 보세요.
- 그림에서 d가 들어간 단어를 찾아 손으로 짚어 보세요.

QR Scan ▶ Watch Repeat

Dd Word Chant

Chant

• Watch the video. Stick and chant.

dad

dig

dog

dad

dig

dog

• **Follow the lines. Trace the letters.**

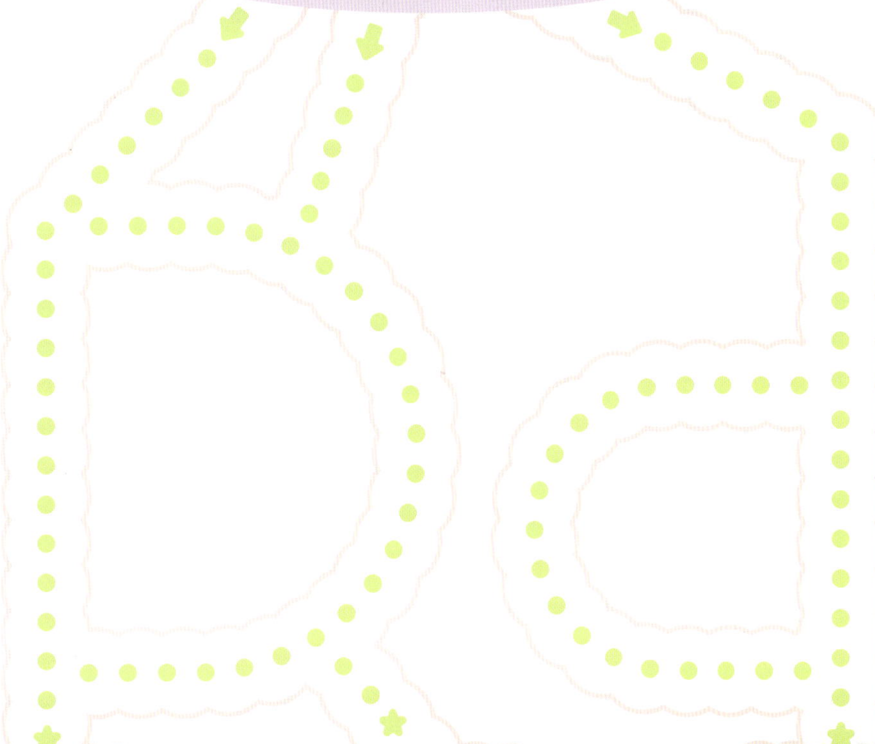

dad dog dig

Ee Sound 소리 알기

Lesson Guide

- 아이와 함께 Ee의 소리를 재미있게 따라 해 보세요.

  "Ee는 '에' 하고 크게 외치는 걸 좋아해. Ee처럼 신나게 '에' 소리를 내 보자!"
- 달걀에 있는 E와 e를 손으로 짚으며 소리 내어 보세요.
- 그림에서 e가 들어간 단어를 찾아 손으로 짚어 보세요.

QR Scan Watch Repeat

elf
요정

elephant
코끼리

egg
달걀

Ee Word Chant

Chant

• Watch the video. Stick and chant.

egg

elf

elephant

egg

elf

elephant

• **Look and trace the letters.**

egg

elf

elephant

Ff Sound 소리 알기

Lesson Guide

- 아이와 함께 Ff의 소리를 재미있게 따라 해 보세요.

  "Ff는 바람 부는 소리랑 비슷해. 윗니를 아랫입술에 대고 'ㅍ' 하고 소리 내는 거야."
- 비눗방울에 있는 F와 f를 손으로 짚으며 소리 내어 보세요.
- 그림에서 f가 들어간 단어를 찾아 손으로 짚어 보세요.

QR Scan ▶ Watch Repeat

Ff Word Chant

Chant

• Watch the video. Stick and chant.

fan

fat

fun

fan fat fun

• **Look and trace the letters.**

F

f

F

fan

fat

f

F

fun

Gg Sound 소리 알기

Lesson Guide

- 아이와 함께 **Gg**의 소리를 재미있게 따라 해 보세요.
  "**Gg**는 철봉을 잡고 힘을 줄 때 나는 소리 같아. 'ㄱ' 하고 소리 내어 보자."
- 운동장에 있는 **G**와 **g**를 손으로 짚으며 소리 내어 보세요.
- 그림에서 **g**가 들어간 단어를 찾아 손으로 짚어 보세요.

gorilla
고릴라
gap
틈
gift
선물
Find the pictures!

Gg Word Chant

Chant

• Watch the video. Stick and chant.

gap

gift

gorilla

gap gift gorilla

• **Look and trace the letters.**

orilla

ift

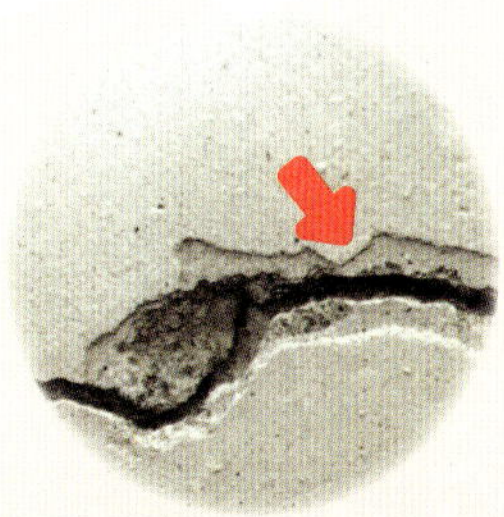

ap

Hh Sound 소리 알기

Lesson Guide

- 아이와 함께 Hh의 소리를 재미있게 따라 해 보세요.
  "Hh는 숨이 차서 헉헉거릴 때처럼 'ㅎ' 하고 소리 내는 거야."
- 사막에 있는 H와 h를 손으로 짚으며 소리 내어 보세요.
- 그림에서 h가 들어간 단어를 찾아 손으로 짚어 보세요.

QR Scan Watch Repeat

Hh Word Chant

Chant

• Watch the video. Stick and chant.

hat

hen

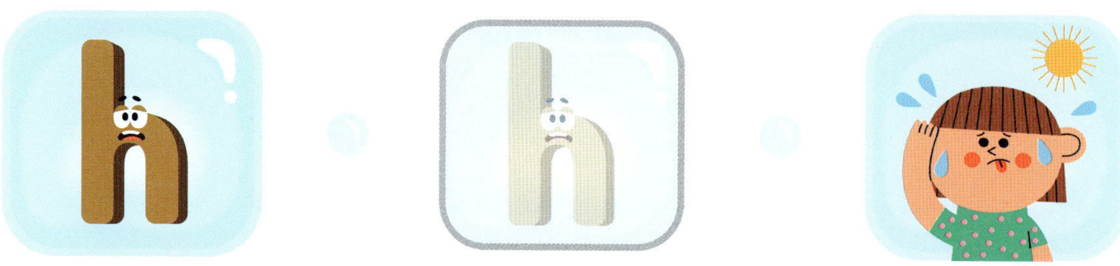

hot

hat hen hot

• **Follow the lines. Trace the letters.**

hat

hen

hot

Ii Sound 소리 알기

Lesson Guide

- 아이와 함께 Ii의 소리를 재미있게 따라 해 보세요.
  “Ii가 추운지 덜덜 떨며 ‘이’ 소리를 내고 있어. 우리도 짧게 ‘이’ 소리를 따라 해 볼까?”
- 얼음에 있는 I와 i를 손으로 짚으며 소리 내어 보세요.
- 그림에서 i가 들어간 단어를 찾아 손으로 짚어 보세요.

QR Scan ▶ Watch Repeat

Ii Word Chant

Chant

• Watch the video. Stick and chant.

igloo

iguana

insect

igloo

iguana

insect

• **Look and trace the letters.**

nsect

gloo

guana

Jj Sound 소리 알기

Lesson Guide

- 아이와 함께 Jj의 소리를 재미있게 따라 해 보세요.
  "Jj가 '줘' 소리를 내며 폴짝폴짝 뛰고 있어! 우리도 뛰면서 '줘' 소리를 내 보자!"
- 사탕에 있는 J와 j를 손으로 짚으며 소리 내어 보세요.
- 그림에서 j가 들어간 단어를 찾아 손으로 짚어 보세요.

Scan Watch Repeat

Jj Word Chant

Chant

• Watch the video. Stick and chant.

jet

jug

jelly

jet jug jelly

• **Look and trace the letters.**

elly

et

ug

Kk Sound 소리 알기

Lesson Guide

- 아이와 함께 Kk의 소리를 재미있게 따라 해 보세요.
  "Kk는 축구를 좋아하나 봐! 공을 차는 것처럼 'ㅋ' 하고 소리 내어 보자."
- 깃발에 있는 K와 k를 손으로 짚으며 소리 내어 보세요.
- 그림에서 k가 들어간 단어를 찾아 손으로 짚어 보세요.

QR Scan ▶ Watch Repeat

Kk Word Chant

Chant

• Watch the video. Stick and chant.

kid

kick

kangaroo

kid kick kangaroo

• **Follow the lines. Trace the letters.**

kick kangaroo kid

Ll Sound 소리 알기

Lesson Guide

- 아이와 함께 Ll의 소리를 재미있게 따라 해 보세요.

  "Ll이 '을' 하고 노래 부르네. 우리도 노래하듯 '을' 소리를 내 보자!"
- 음표에 있는 L과 l을 손으로 짚으며 소리 내어 보세요.
- 그림에서 l이 들어간 단어를 찾아 손으로 짚어 보세요.

  Tip lip은 입술 한쪽만 뜻하고 입술 전체는 lips라고 해요.

Scan Watch Repeat

Ll Word Chant

Chant

• Watch the video. Stick and chant.

lamb

lip

lamp

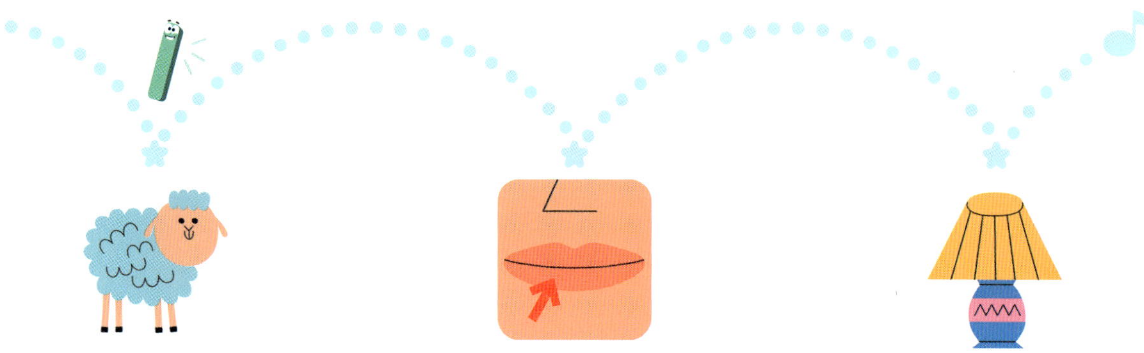

lamb lip lamp

• **Look and trace the letters.**

amp

amb

ip

Mm Sound 소리 알기

Lesson Guide

- 아이와 함께 Mm의 소리를 재미있게 따라 해 보세요.
  "음, 맛있는 냄새! Mm은 음식 냄새를 맡을 때 '음' 하는 소리랑 비슷해."
- 주방에 있는 M과 m을 손으로 짚으며 소리 내어 보세요.
- 그림에서 m이 들어간 단어를 찾아 손으로 짚어 보세요.

Scan Watch Repeat

Mm Word Chant

Chant

• Watch the video. Stick and chant.

• **Look and trace the letters.**

mug

milk

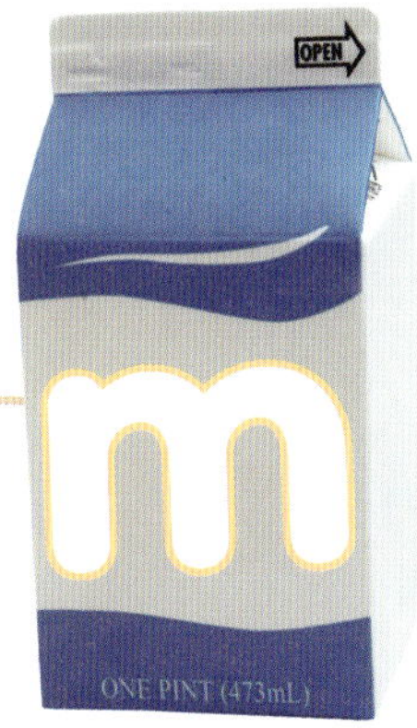

mom

Nn Sound 소리 알기

Lesson Guide

- 아이와 함께 Nn의 소리를 재미있게 따라 해 보세요.
  "Nn이 꽃밭에 들어가면 안 된대. 고개를 저으면서 '은' 소리를 내고 있어!"
- 공원에 있는 N과 n을 손으로 짚으며 소리 내어 보세요.
- 그림에서 n이 들어간 단어를 찾아 손으로 짚어 보세요.

QR Scan Watch Repeat

Nn Word Chant

Chant

• Watch the video. Stick and chant.

no

nut

nest

no nut nest

• **Follow the lines. Trace the letters.**

nest　　no　　nut

Oo Sound 소리 알기

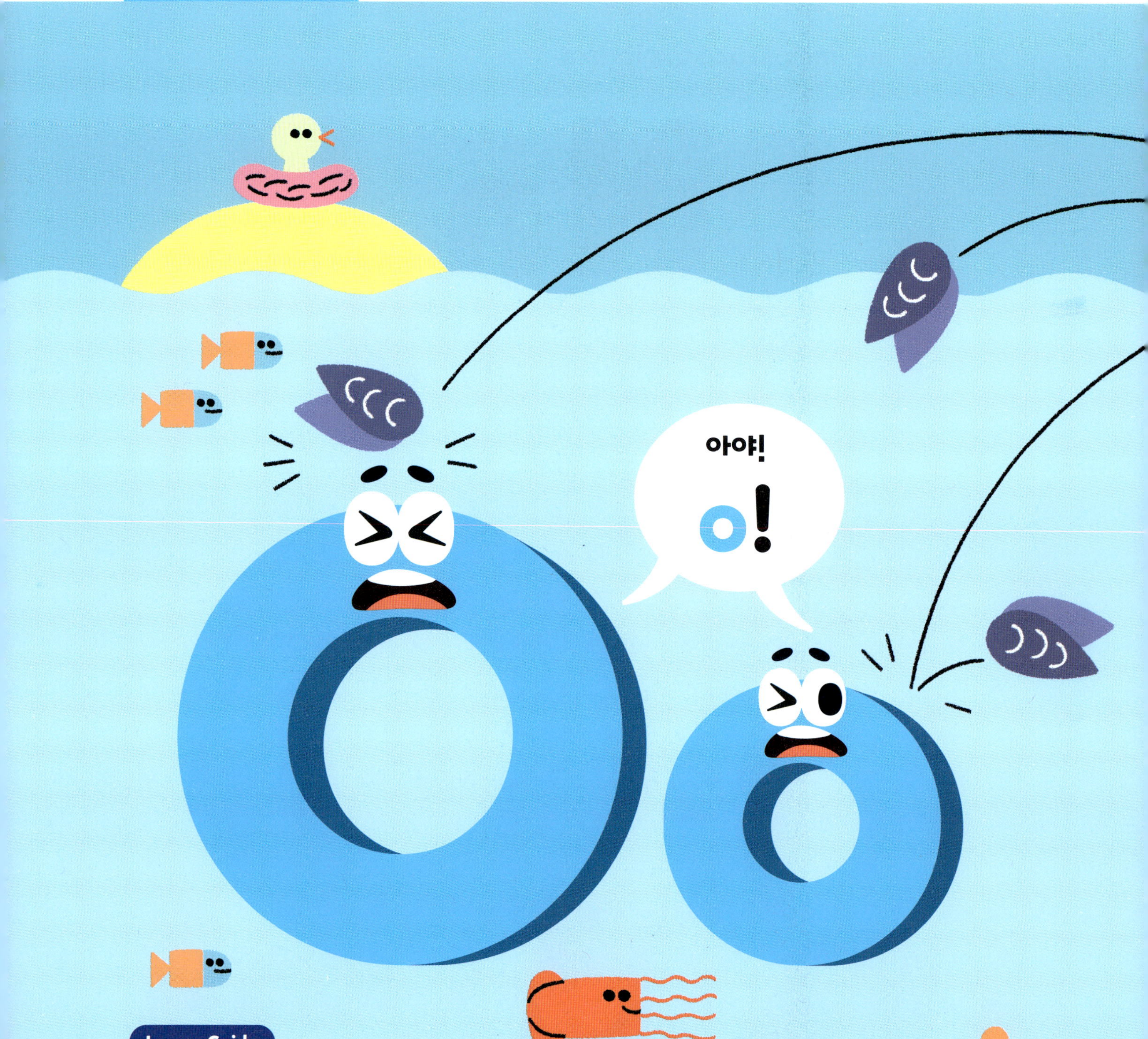

Lesson Guide

- 아이와 함께 Oo의 소리를 재미있게 따라 해 보세요.

  "Oo가 조개에 맞아서 깜짝 놀랐나 봐. 놀란 듯 '아' 소리를 내고 있어!"
- 바닷속에 있는 O와 o을 손으로 짚으며 소리 내어 보세요.
- 그림에서 o가 들어간 단어를 찾아 손으로 짚어 보세요.

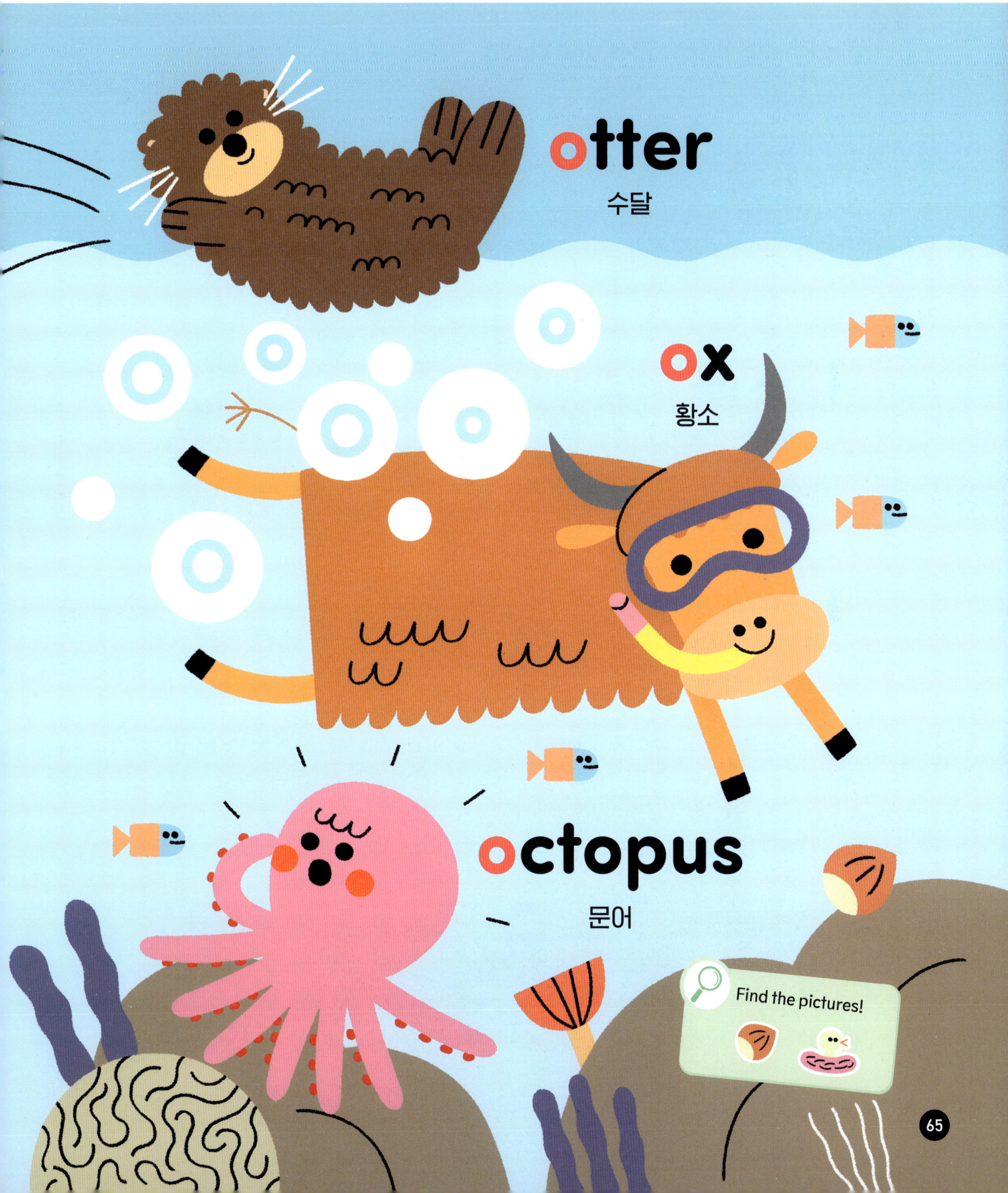

otter
수달

ox
황소

octopus
문어

Oo Word Chant

Chant

• Watch the video. Stick and chant.

ox

otter

octopus

ox otter octopus

• **Look and trace the letters.**

tter

x

ctopus

Pp Sound 소리 알기

Lesson Guide

- 아이와 함께 **Pp**의 소리를 재미있게 따라 해 보세요.
  "**Pp**는 팝콘이 터지는 소리처럼 'ㅍ' 하고 소리 내는 거야."
- 영화관에 있는 **P**와 **p**를 손으로 짚으며 소리 내어 보세요.
- 그림에서 **p**가 들어간 단어를 찾아 손으로 짚어 보세요.

QR Scan ▶ Watch … Repeat

Pp Word Chant

Chant

• Watch the video. Stick and chant.

pan

pig

popcorn

pan

pig

popcorn

• **Look and trace the letters.**

popcorn

pan

pig

Qq Sound 소리 알기

Lesson Guide

- 아이와 함께 **Qq**의 소리를 재미있게 따라 해 보세요.
  "Qq는 오리가 꽥꽥거리는 소리처럼 '쿼' 하고 소리 내는 거야."
- 호숫가에 있는 **Q**와 **q**를 손으로 짚으며 소리 내어 보세요.
- 그림에서 **q**가 들어간 단어를 찾아 손으로 짚어 보세요.

QR Scan Watch Repeat

Qq Word Chant

Chant

• Watch the video. Stick and chant.

quilt

queen

quiet

quilt

queen

quiet

• Look and trace the letters.

quilt

quiet

queen

Rr Sound 소리 알기

Lesson Guide

- 아이와 함께 Rr의 소리를 재미있게 따라 해 보세요.
  "Rr은 강아지가 으르렁거리듯 '얼' 하고 소리 내면 돼."
- 마당에 있는 R과 r을 손으로 짚으며 소리 내어 보세요.
- 그림에서 r이 들어간 단어를 찾아 손으로 짚어 보세요.

QR Scan Watch Repeat

Rr Word Chant

Chant

• Watch the video. Stick and chant.

rat

red

robot

rat red robot

• **Follow the lines. Trace the letters.**

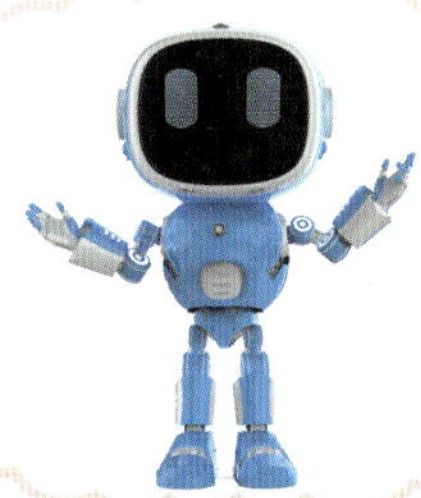

ed obot at

Ss Sound 소리 알기

Lesson Guide

- 아이와 함께 Ss의 소리를 재미있게 따라 해 보세요.
  "Ss는 뱀이 혀를 날름거리는 소리랑 비슷해. 뱀처럼 'ㅅ' 소리를 내 봐!"
- 해변에 있는 S와 s를 손으로 짚으며 소리 내어 보세요.
- 그림에서 s가 들어간 단어를 찾아 손으로 짚어 보세요.

sun

태양

sandwich

샌드위치

sand

모래

Find the pictures!

Ss Word Chant

Chant

• Watch the video. Stick and chant.

sun

sand

sandwich

sun sand sandwich

• **Look and trace the letters.**

S  s

sandwich 

 sand

 sun

Tt Sound 소리 알기

Lesson Guide

- 아이와 함께 Tt의 소리를 재미있게 따라 해 보세요.
  "Tt는 탬버린을 좋아해. 우리도 탬버린을 치듯 'ㅌ' 소리를 내어 볼까?"
- 숲속에 있는 T와 t를 손으로 짚으며 소리 내어 보세요.
- 그림에서 t가 들어간 단어를 찾아 손으로 짚어 보세요.

QR Scan Watch Repeat

Tt Word Chant

• Watch the video. Stick and chant.

tap

tent

tomato

tap tent tomato

• **Look and trace the letters.**

T t

tent

tap

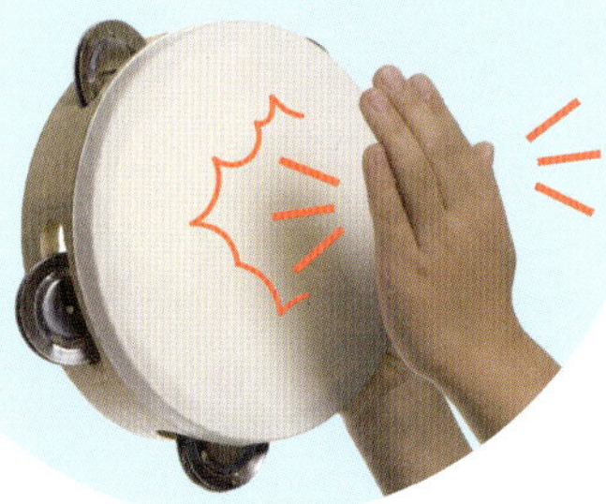

tomato

Uu Sound 소리 알기

Lesson Guide

- 아이와 함께 Uu의 소리를 재미있게 따라 해 보세요.
  "Uu가 하늘로 올라가서 깜짝 놀랐나 봐! 놀랐을 때처럼 '어' 소리를 내 보자!"
- 하늘에 있는 U와 u를 손으로 짚으며 소리 내어 보세요.
- 그림에서 u가 들어간 단어를 찾아 손으로 짚어 보세요.

QR Scan ▶ Watch … Repeat

umbrella
우산

up
위로

uncle
삼촌

Uu Word Chant

Chant

• Watch the video. Stick and chant.

up uncle umbrella

• **Look and trace the letters.**

umbrella

up

uncle

Vv Sound 소리 알기

Lesson Guide

- 아이와 함께 Vv의 소리를 재미있게 따라 해 보세요.
  "Vv는 자동차 소리랑 비슷해. 윗니를 아랫입술에 대고 'ㅂ' 소리를 내는 거야."
- 사막에 있는 V와 v를 손으로 짚으며 소리 내어 보세요.
- 그림에서 v가 들어간 단어를 찾아 손으로 짚어 보세요.

QR Scan Watch Repeat

volcano

화산

van

승합차

vest

조끼

Find the pictures!

Vv Word Chant

Chant

• Watch the video. Stick and chant.

van

vest

volcano

van

vest

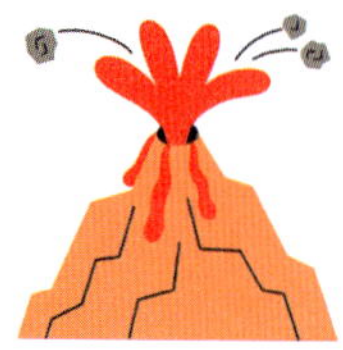

volcano

• **Follow the lines. Trace the letters.**

van

vest

volcano

Ww Sound 소리 알기

Lesson Guide

- 아이와 함께 Ww의 소리를 재미있게 따라 해 보세요.
  "파도타기를 좋아하는 Ww는 물 위에서 파도를 타듯 '워' 소리를 내."
- 물 위에 있는 W와 w를 손으로 짚으며 소리 내어 보세요.
- 그림에서 w가 들어간 단어를 찾아 손으로 짚어 보세요.

QR Scan ▶ Watch Repeat

Ww Word Chant

Chant

• Watch the video. Stick and chant.

wing

water

watermelon

wing

water

watermelon

• **Look and trace the letters.**

W  w

wing

watermelon

water

Xx Sound 소리 알기

Lesson Guide

- 아이와 함께 Xx의 소리를 재미있게 따라 해 보세요.
  "Xx가 크리스마스를 준비하나 봐! Xx는 불빛이 반짝 켜질 때처럼 'ㅋㅅ' 소리가 나."
- 방 안에 있는 X와 x를 손으로 짚으며 소리 내어 보세요.
- 그림에서 x가 들어간 단어를 찾아 손으로 짚어 보세요.

QR Scan Watch Repeat

six
육, 여섯

fox
여우

box
상자

Find the pictures!

Xx Word Chant

Chant

• Watch the video. Stick and chant.

box

six

fox

box six fox

• **Follow the lines. Trace the letters.**

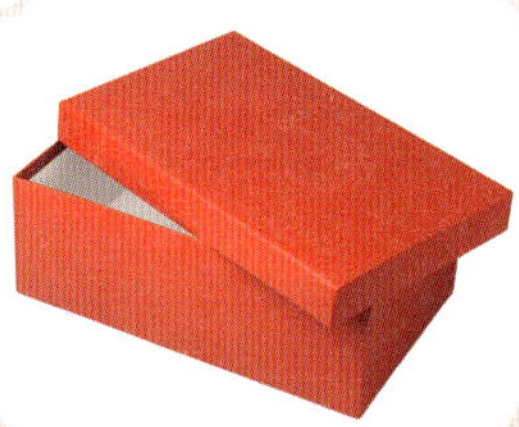

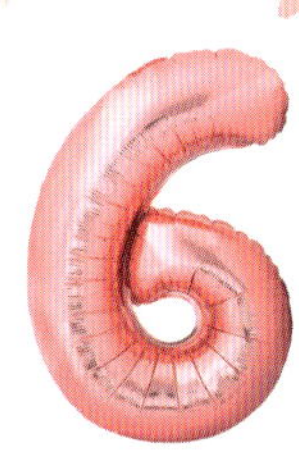

box   fox   six

Yy Sound 소리 알기

Lesson Guide

- 아이와 함께 Yy의 소리를 재미있게 따라 해 보세요.
  "응원 대장 Yy가 '여' 하며 신나게 뛰고 있어! 우리도 신나게 '여' 소리를 내 보자!"
- 공원에 있는 Y와 y를 손으로 짚으며 소리 내어 보세요.
- 그림에서 y가 들어간 단어를 찾아 손으로 짚어 보세요.

Y
y
yak
야크
yellow
노란색
yo-yo
요요
Find the pictures!

Yy Word Chant

Chant

• Watch the video. Stick and chant.

yak

yo-yo

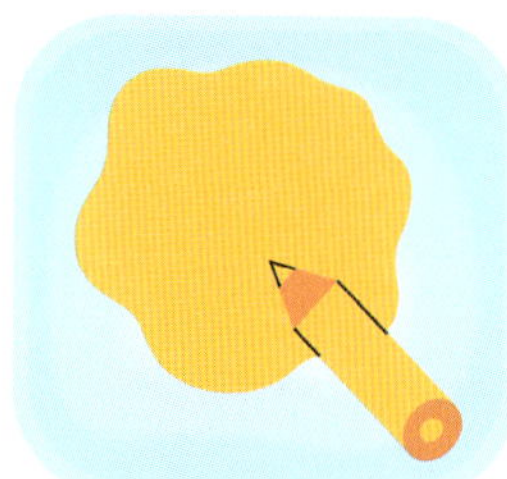

yellow

yak

yo-yo

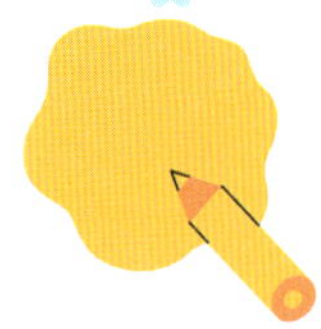

yellow

• **Look and trace the letters.**

y

yellow

yak

yo-yo

Y

Y

Zz Sound 소리 알기

Lesson Guide

- 아이와 함께 Zz의 소리를 재미있게 따라 해 보세요.
  "Zz는 잠꾸러기야! 코를 고는 것처럼 'ㅈ' 하고 소리 내 보자!"
- 방 안에 있는 Z와 z를 손으로 짚으며 소리 내어 보세요.
- 그림에서 z가 들어간 단어를 찾아 손으로 짚어 보세요.

QR Scan Watch Repeat

Zz Word Chant

Chant

• Watch the video. Stick and chant.

zebra

zigzag

zipper

zebra

zigzag

zipper

• **Look and trace the letters.**

zipper

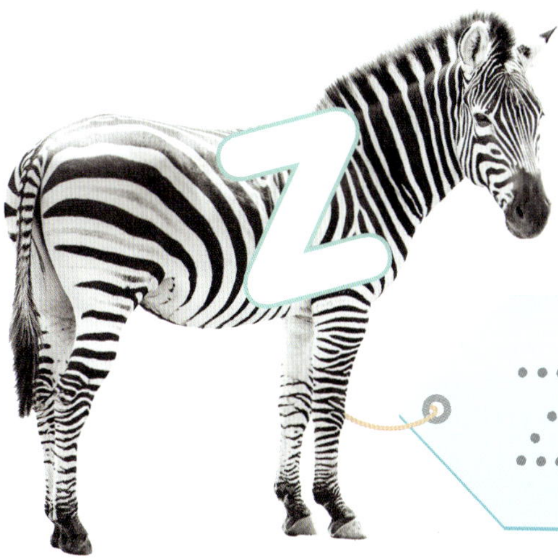

zebra

zigzag

Tracing the Alphabet 알파벳 따라쓰기

Ee Ff Gg Hh

Mm Nn Oo Pp

Uu Vv Ww Xx

Alphabet Words 스티커로 단어 완성하기

pple

us

up

ift

at

gloo

ilk

ut

tter

un

ent

ncle

an

og

gg

an

elly

id

amb

ig

ueen

at

ing

bo

ak

ebra

Answer

Alphabet Words pp. 114-115

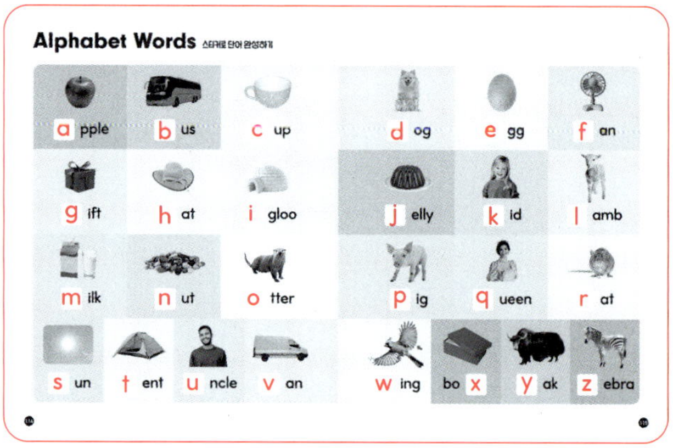

* 자유롭게 잘라 쓰세요.

Aa

Bb

Cc

Dd

Ee

Ff

Gg

p. 10

a a 

p. 14

b b 

p. 18

c c 

p. 22

d d 

p. 26

e e 

p. 30

f f 

p. 34

g g 

* 자유롭게 잘라 쓰세요.

Hh

p. 38

h h 

Ii

p. 42

i i 

Jj

p. 46

j j 

Kk

p. 50

k k 

Ll

p. 54

l l 

Mm

p. 58

m m 

Nn

p. 62

n n